2022년 9월 1일 2판 1쇄 인쇄
2022년 9월 5일 2판 1쇄 발행

지은이 양승현
그린이 우지현
발행인 김경석
펴낸곳 아이앤북
편집자 우안숙 노연교
디자인 장지윤
마케팅 남상희
주 소 서울시 성동구 천호대로 424(용답동)
연락처 02-2248-1555
팩 스 02-2243-3433
등 록 제4-449호

ISBN 979-11-5792-279-6 74470
ISBN 979-11-5792-050-1 (세트)

이 책에 실린 모든 내용, 디자인, 이미지, 편집 구성의 저작권은 아이앤북과 지은이에게 있습니다.
http://blog.naver.com/iandbook 아이앤북은 '나와 책' '아이와 책'이라는 뜻을 가지고 있습니다.

이 도서의 국립중앙도서관 출판시도서목록(CIP)은 e-CIP 홈페이지 (http://www.nl.go.kr/ecip)에서 이용하실 수 있습니다. (CIP 제어번호 : CIP 2016025946)

오,
온몸을 써라!
감각

양승현 글 | 우지현 그림

머리말

　가로등도 없는 캄캄한 밤길을 걸어본 적 있나요? 눈으로 볼 수 없으니 손으로 주변을 더듬어 가면서 천천히 걷게 되지요? 밝은 낮이라면 눈으로 볼 수 있으니 자신 있게 성큼성큼 걸을 수 있을 텐데 말이에요.

　뒤에서 빵빵 울리는 자동차 소리를 듣고 얼른 피해 본 적이 있나요? 뒤통수에는 눈이 없지만 양쪽에 달린 귀 덕분에 우리는 소리를 통해서도 많은 정보를 얻을 수 있지요.

　이 밖에도 감기에 걸렸을 때 코가 막혀 냄새를 맡지 못한 적은요? 음식의 맛을 보다가 시어서 얼굴을 찌푸리거나, 써서 퉤퉤 내뱉었던 적은요? 살갗에 닿는 차가운 느낌에 소름이 끼치거나, 뜨거운 느낌에 얼른 손을 뗀 적은 없나요?

　이처럼 우리는 여러 감각을 통해 많은 걸 경험하고, 위험을 피하고, 살아가는 데 큰 도움을 얻어요. 눈으로 보는 시각, 귀로 듣는 청각, 코로 냄새를 맡는 후각, 혀로 맛을 보는 미각, 피부로 느끼는 촉각 등 다섯 가지 감각은 우리가 깨닫지도 못하는 사이에 엄청나게 많은 일을 하고 있답니다.

　길을 걷는 건 누구나 쉽게 할 수 있는 것 같지요? 하지만 시각이 없다면 어떨까요? 지팡이나 안내견 등의 도움을 받지 않으면 꽤 불편할 거예요.

울리는 전화를 받고 이야기를 나누는 건 어떨까요? 청각이 없다면 문자 메시지를 이용하는 등 다른 방법을 찾아야겠지요.
　이와 같이 오감이 없다면 우리는 쉽게 하고 있는 일들 가운데 꽤 많은 것들을 하지 못하거나 어려움을 겪을 거예요.
　오감은 보통 사람들의 일상생활에서도 꼭 필요하지만, 다양한 직업을 가진 사람들이 자신의 일을 할 때에도 큰 역할을 해요.
　탐정이 범인을 찾기 위해 수사를 할 때, 과학자가 실험을 할 때, 의사가 환자를 진료할 때, 음악가가 지휘를 할 때, 조종사가 비행기를 조종할 때를 상상해 보세요. 오감이 없다면 어떻게 일할 수 있을까요?
　우리에게 꼭 필요하고 많은 일을 하게 해 주는 고마운 오감. 명탐정과 탐정 로봇 코코와 함께 오감을 통해 범인을 찾아내는 흥미진진한 수사를 시작해 볼까요?

2016년 10월
양승현

차례

머리말 • 6
프롤로그 • 10

매의 눈으로 보라! 시각
눈이 가장 좋은 동물은? • 16
반짝, 눈은 어떻게 볼 수 있을까? • 19
시력과 직업 • 22
우리 눈을 너무 믿지 마세요(착시 현상) • 25
제 눈에 안경 • 27

박쥐처럼 들어라! 청각
동물들은 어떻게 들을까? • 34
가만, 귀를 기울여 보아요 • 37
귀를 보호해 주세요 • 43
뱃속 아기도 소리를 들어요 • 44
빙글빙글 돌다가, 그대로 멈춰라! • 46

고양이 수염처럼 느껴라! 촉각
피부는 무엇을 느끼나? • 52
피부로, 털로, 돌기로 촉각을 느껴요 • 54
식물도 촉각이 있다고? • 58
통각이 빠르나, 촉각이 빠르나? • 61
손끝으로 읽다, 점자 • 64

킁킁, 개코처럼 벌렁벌렁 후각
개코의 위력 • 67
코는 어떻게 냄새를 맡을까? • 70
향수가 발달한 이유 • 72
향기 산업 • 73

음, 바로 이 맛이야! 미각
맛은 어떻게 볼까? • 80
네 가지 맛 • 82
후각과 미각 • 83
매운맛을 보여 줄까? • 86
뜨거운 맛을 보여 주마 • 88

에필로그 • 94

프롤로그

똑똑! 몇 달 전 문을 연 명탐정 사무실에 드디어 첫 손님이 찾아왔어. 바로 탐정 사무실 맞은편에 연구실을 둔 발명가였지.

"탐정님, 제 연구실에서 발명품을 도둑맞았어요. 범인을 찾아주실 수 있나요?"

"아, 그럼요. 잘 찾아오셨습니다. 그런데 어떤 발명품이 없어진 거죠?"

"쉿! 목소리를 낮춰 주세요. 연구가 완전히 끝날 때까지는 아무도 모르게 하고 싶은 발명품이라, 경찰서나 큰 탐정 사무실 대신 여길 찾은 거예요. 그러니 무엇보다 비밀을 지켜 주세요."

발명가는 소곤소곤 이야기를 시작했어. 이야기를 듣던 탐정의 눈은 점점 휘둥그레졌단다.

"음, 없어진 물건을 보니 수사가 쉽진 않겠군요. 비밀은 반드시 지키겠습니다만, 아직 조수 한 명 없는 제가 혼자 수사하기에는 꽤 어려울……."

"그건 걱정 마세요. 제가 조수 몇 사람 몫을 할 조수를 구해 드리지요."
연구실에서 조수로 일하던 로봇을 탐정에게 소개했지.
"똑똑하고 성실한 친구이니 수사에 큰 도움이 될 거예요. 코코, 인사하렴. 네가 앞으로 도와드릴 탐정님이야."
연구실 로봇, 아니 이제 탐정 로봇이 된 코코가 꾸벅 인사를 했어.
"인사보다는 악수가 좋겠구나. 반갑다, 코코. 나는 명세밀 탐정이라고 해. 우리 함께 잘해 보자."
둘은 힘차게 악수를 나누었어. 이렇게 해서 명탐정과 탐정 로봇 코코의 수사가 시작되었단다.

"자, 먼저 사건이 일어난 연구실에서 범인의 흔적부터 찾아보자. 코코, 지문과 족적부터 찾아봐야겠지?"
"그게 뭔데요?"
"사람마다 손가락 끝에 있는 무늬가 다른데, 그게 바로 지문이야. 맨손으로 뭔가를 만지면 지문이 남게 되지. 족적은 발자국 같은 거야. 그걸 보면 그 사람의 발 크기나 신었던 신발 종류 등 여러 실마리를 얻을 수

있단다. 자, 그럼 매의 눈으로 살펴보라고!"

명탐정은 돋보기를 들고 연구실을 구석구석 살펴보기 시작했어. 하지만 코코는 고개를 갸우뚱한 채 다시 물었지.

"매의 눈은 뭔가요?"

눈이 가장 좋은 동물은?

우리는 눈으로 보기만 해도 무언가에 대해 80% 이상 알아낸단다. 눈으로 쓱 보는 것만으로도 '눈 깜짝할 사이에' 많은 걸 알게 되는 거지. 이렇게 눈으로 봐서 느끼는 감각을 시각이라고 한단다.

동물들 가운데 가장 눈이 좋은 것은 독수리나 매 같은 육식 조류야. 독수리는 사람 시력의 여덟 배나 눈이 좋아. 사람의 눈에는 작은 점으로 보이는 것도 독수리 눈에는 정확히 보이지. 하늘 높이 날다가도 '아하, 저기 토끼가 있구나.' 하고 쏜살같이 내려와 사냥을 하지.

매는 독수리보다 더 눈이 좋아. 매의 황반에는 시세포가 사람의 다섯 배나 있고, 황반이 두 개나 되거든. 그러니 사람과는 비교할 수도 없을 만큼 눈이 좋겠지? 그래서 뭔가를 아주 꼼꼼하게 살펴볼 때 '매의 눈으로 본다.'라고 한단다.

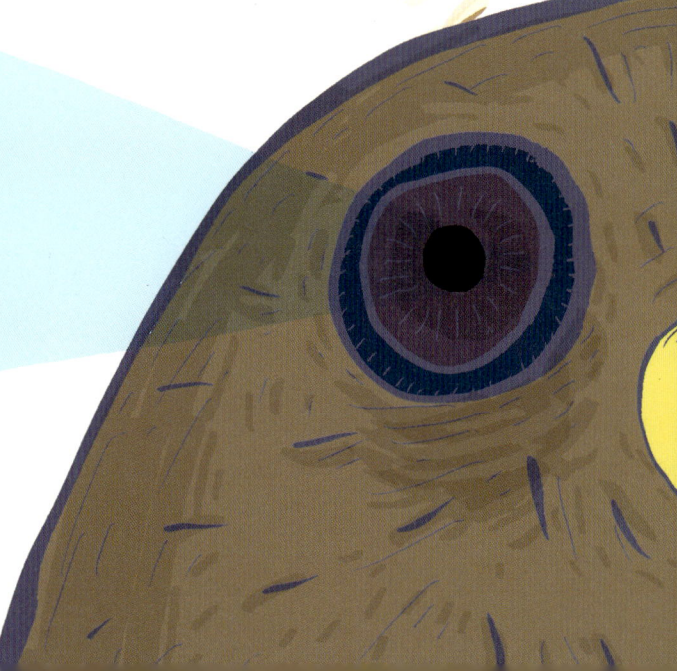

★★★

　명탐정은 차근차근 설명하면서도 매의 눈으로 연구실의 안팎을 살펴보았어.

　'아, 나는 정말 설명을 잘한다니까. 탐정이 아니라 선생님이 될 걸 그랬나 봐. 코코도 나와 일하게 된 걸 기쁘게 생각하겠지?'

　명탐정은 코코의 눈치를 슬쩍 살폈어. 그러자 코코가 물었지.

　"시세포가 뭔데요?"

반짝, 눈은 어떻게 볼 수 있을까?

우리 눈을 보면 흰자위와 검은자위가 있지? 검은자위는 홍채라고도 해. 홍채는 초록, 파랑, 갈색 등 사람마다 색깔이 달라. 우리나라 사람들은 대개 홍채가 검은색에 가까워 검은자위라고 부르는 거야.

홍채의 가운데에는 검게 보이는 동공이 있는데, 사실은 텅 비어 있지. 동공은 크기가 커졌다 작아졌다 하면서, 눈에 들어오는 빛의 양을 알맞게 조절해.

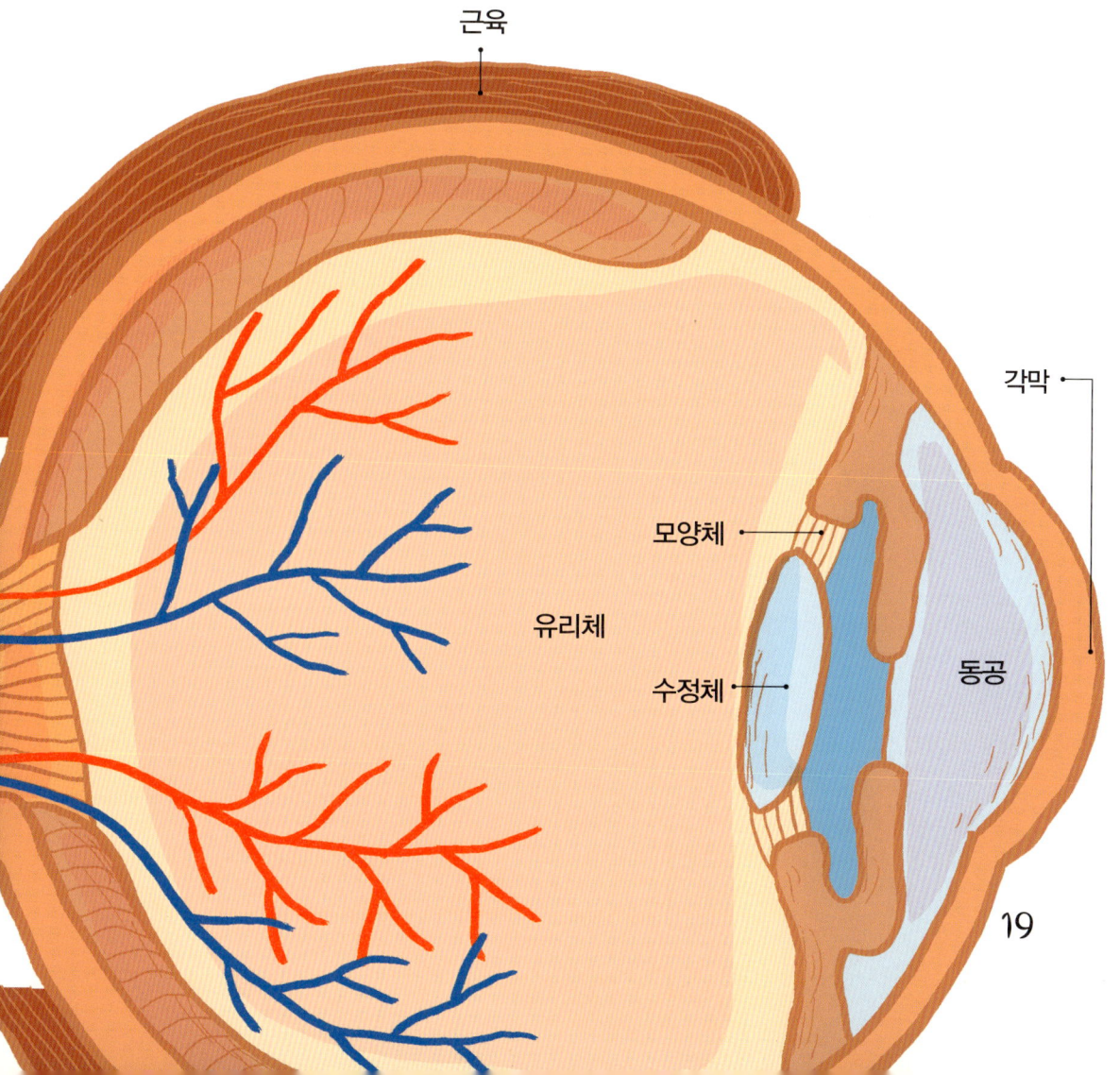

동공 뒤에는 수정체가 있어. 우리가 뭔가 볼 때 거리에 따라 두꺼워졌다 얇아졌다 하면서 초점을 맞춰 주지.

카메라 렌즈를 바꿔 가며 사진을 찍는 사진사를 본 적 있니? 우리 눈의 수정체는 카메라의 렌즈 같은 역할을 해. 렌즈를 바꾸는 대신 수정체의 두께를 바꿔 가며 초점을 맞춰 주지.

흰자위 안쪽에는 1억 3천만 개가 넘는 시세포가 있어. 우리가 볼 수 있는 건 바로 이 시세포 덕분이야. 시세포에는 막대세포와 원뿔세포가 있는데 막대세포 덕분에 밝고 어두운 것을 볼 수 있고, 원뿔세포 덕분에 사물의 형태와 색깔을 볼 수 있단다.

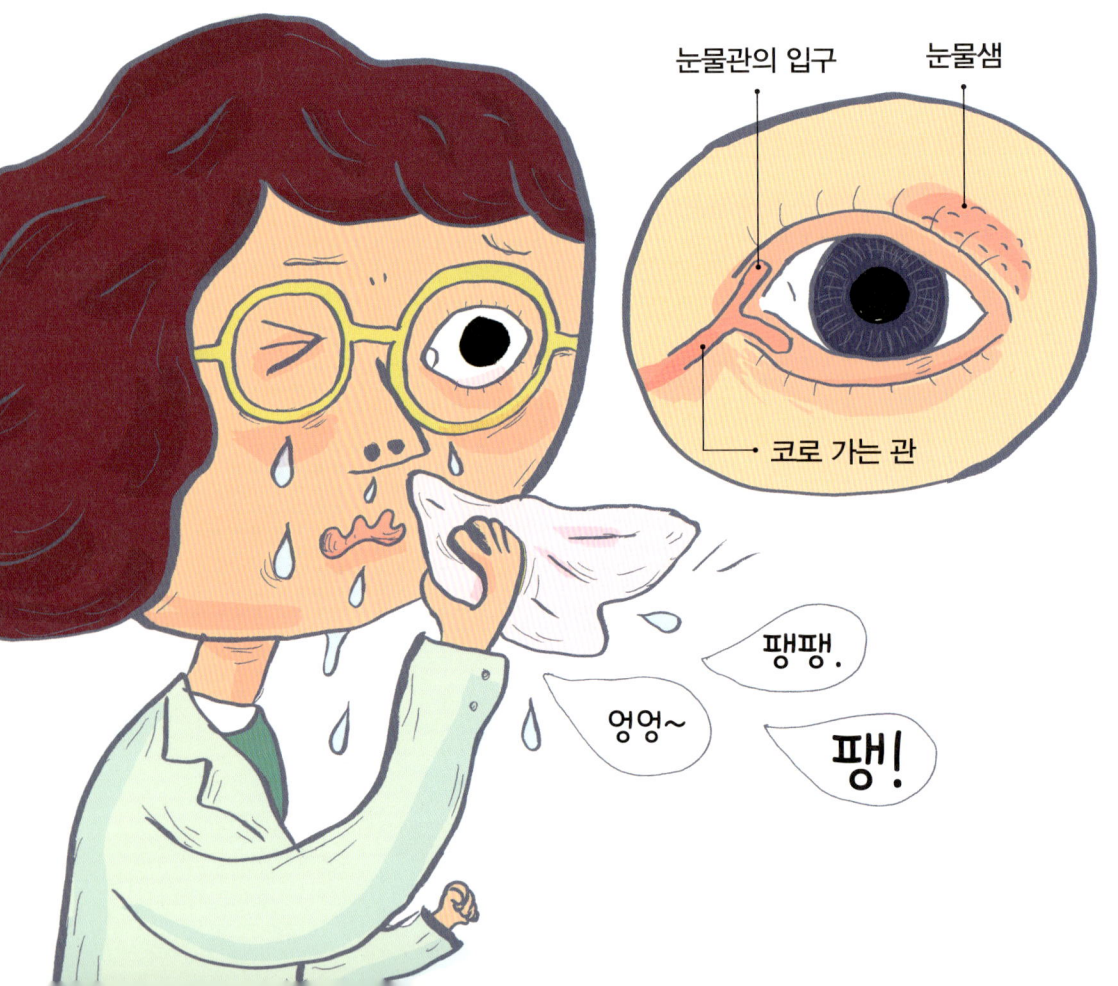

✴︎✴︎✴︎

"아유, 사람의 눈은 참 복잡하네요. 그런데 사람의 눈에서는 왜 눈물이 나나요?"

"사람들은 슬프거나, 아프거나, 괴롭거나, 때로는 너무 기쁠 때에도 울어. 눈에 티끌이 들어갔을 때에도 눈물이 나지. 눈물은 눈이 마르는 걸 막아 주고, 눈에 있는 먼지랑 세균도 씻어 준단다."

"아하, 눈물은 중요한 일을 하는군요. 발명가님이 '쓸데없는 눈물이 왜 또 나오지?' 하면서 닦아 내기에 눈물은 정말 쓸데없는 줄 알았다니까요. 울지 않을 때에도 눈물이 만들어지나요? 그럼 그 눈물은 어디로 가

나요?"

"눈물은 눈물샘에서 계속 만들어진단다. 눈물샘은 두 눈의 바깥쪽에 있고, 눈물이 나오는 눈물관의 입구는 두 눈의 안쪽에 있어. 눈을 깜빡거릴 때마다 눈물이 나와서 눈을 촉촉하게 해 주지. 울지 않을 때에는 콧속으로 이어지는 관을 통해 눈물이 몸 밖으로 나가. 울 때에는 눈물샘에서 눈물이 평소보다 더 많이 만들어진단다. 많이 울 때에는 눈물이 코로도 흘러 들어가기 때문에 콧물도 나오지."

"아, 그래서 우리 깔끔한 발명가님도 울 때면 코를 팽팽 풀었군요."

"발명가님이 코를 팽팽 풀었다고? 설마 그럴 리가."

명탐정은 연구실에 있는 발명가의 사진을 들여다보며, 믿을 수 없다는 듯 고개를 저었어.

"그런데 명탐정님은 왜 돋보기를 쓰세요? 눈이 나쁜가요? 눈이 나빠도 탐정은 될 수 있나요? 범인의 흔적을 찾으려면 매의 눈으로 봐야 한다면서요?"

"탐정은 될 수 있지만, 눈이 나쁘면 어떤 직업은 가질 수 없단다."

시력과 직업

어떤 직업은 좋은 시력이 필요해. 소방대원은 안경이나 렌즈 없이 맨눈으로 보는 시력이 0.3 이상이어야 해. 앞이 잘 안 보이는 연기 속이나 어두운 곳에서 사람들을 구하려면 눈이 좋아야 하지.

직업 군인은 안경이나 렌즈를 끼고 보는 시력이 0.7 이상 되어야 해.

총을 쏘는 군인이 눈이 나쁘다고 생각해 봐. 말도 안 되겠지?

　비행기 조종사도 눈이 좋아야 한단다. 안경이나 렌즈를 끼지 않은 시력이 0.5 이상이어야 해. 눈부신 햇빛을 보면서 비행기를 몰 때도 있고, 불빛 하나 없는 캄캄한 밤하늘에서 비행기를 몰기도 하니까 말이야. 비행기 조종사는 시력뿐만 아니라 안구건조증, 색맹, 난시 등 눈에 대한 여러 가지 검사를 통과해야 한단다.

★★★

"안구건조증이 뭐예요?"

"우리 눈은 늘 어느 정도 촉촉한 상태를 유지해야 해. 그런데 눈이 자꾸 말라 뻑뻑해지는 걸 안구건조증이라고 해. 비행기 안은 아주 건조한데, 조종사에게 안구건조증이 있으면 힘들겠지?"

"색맹이랑 난시는 또 뭐고요?"

"색맹은 색깔을 구분하지 못하는 거고, 난시는 초점이 잘 맞지 않아 물체가 흐릿하게 보이는 거야. 그리고 멀리 있는 걸 잘 보지 못하면 근

시, 가까이 있는 걸 잘 보지 못하면 원시라고 해."

명탐정은 갑자기 말을 멈추고 연구실 탁자 위를 뚫어질 듯 들여다보았어.

"음, 여기 이 지문이 수상하군. 발명가님의 지문과 달라! 이것 좀 봐. 발명가님의 지문보다 길지?"

"잠깐만요. 발명가님 지문보다 길다고요? 제가 보기엔 똑같은데요?"

"허허, 내 눈은 틀림없다고. 그럼 자로 재어 볼까?"

명탐정은 두 지문에 자를 대어 보았어. 하지만 자신만만하던 표정은 곧 일그러지고 말았지.

"하하, 착시 현상이로군요. 사람의 눈은 착각을 일으키곤 하지요. 우리 똑똑한 발명가님도 실험을 하다가 착시 현상을 일으킬 때가 있는걸요. 로봇의 눈은 매의 눈보다 더 정확하답니다."

이번에는 코코가 자신만만한 표정으로 말했어.

우리 눈을 너무 믿지 마세요(착시 현상)

우리 눈이 늘 정확한 건 아니야. 눈이 착각을 일으킬 때도 있어. 달리는 차를 타고 갈 때 창밖을 보면 어때? 차창 밖의 풍경이 휙휙 뒤로 움직이는 것 같지? 그게 바로 우리 눈의 착각, 착시 현상이란다.

큰 동그라미 안에 작은 동그라미가 빽빽이 들어있는 그림을 보면, 마치 빙글빙글 돌아가는 것처럼 느껴져. 길이가 같은 두 선이 다른 길이로 보이기도 하고, 같은 크기의 동그라미가 다른 크기로 보이기도 하고, 평행

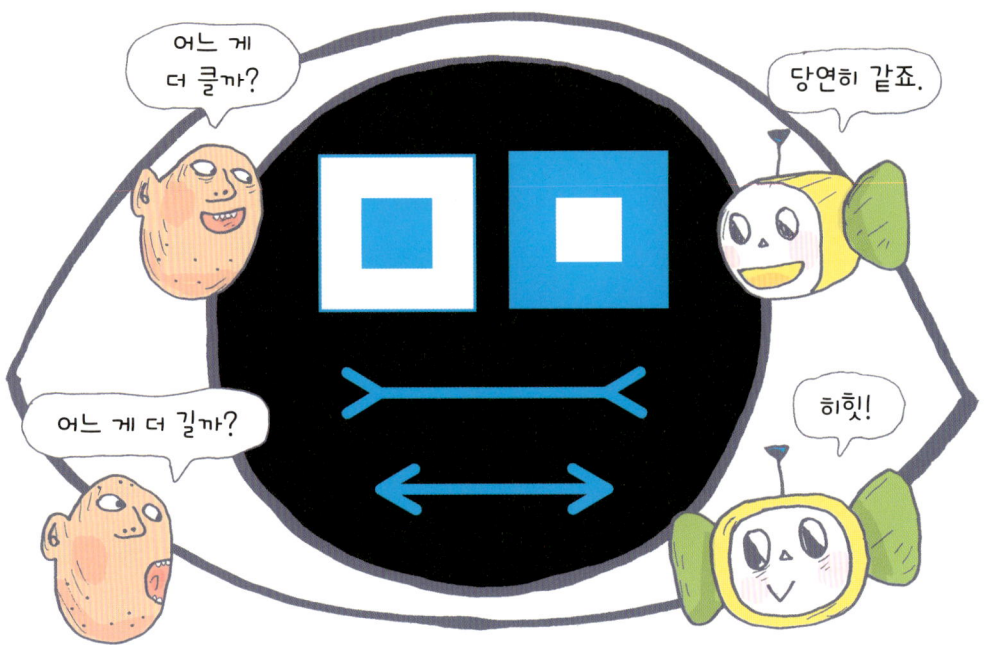

한 두 선이 평행하지 않게 보이기도 해.

　수많은 그림들을 빠르게 잇따라 보면, 그림이 움직이는 것처럼 보이기도 하지. 만화 영화는 바로 그런 착시 현상을 이용한 거야.

　이런 착시 현상을 이용해서 뚱뚱한 사람이 세로 줄무늬를 입어 날씬해 보이게 한다거나, 몸집이 작은 사람이 밝은색 옷을 입어 몸집을 커 보이게 하지.

　집을 꾸미거나 건물을 지을 때도 착시 현상을 이용해서 집이나 건물을 더 넓고 아름다워 보이게 만들기도 한단다.

★★★

　"우리 발명가님은 키가 커 보이려고 늘 위아래로 옷 색깔을 맞춰 입는

다니까요. 그것도 착시 현상을 이용하는 거죠?"

"글쎄, 그건 발명가님의 패션 감각 같은데?"

"그래도 안경까지 색깔 맞춰 쓰는 건 너무 심하지 않아요? 빨간 옷에 빨간 안경을 쓴 날도 있었다니까요. 산타클로스도 아니고, 어찌나 다 빨갛던지……. 그런데 안경은 어떻게 눈이 나쁜 사람도 잘 보이게 해 줘요? 렌즈는요? 망원경이랑 현미경은요? 네? 네? 네?"

제 눈에 안경

우리 눈의 수정체는 초점을 맞추어 준다고 했지? 그런데 수정체가 초점을 정확히 맞추지 못하는 사람들도 있어. 예를 들어 근시는 너무 앞쪽에, 원시는 너무 뒤쪽에 초점을 맞추기 때문에 흐리게 보이지.

 이때 근시는 오목 렌즈를 쓰고, 원시는 볼록 렌즈를 쓰면 초점을 정확히 맞춰 줘. 그럼 더 이상 흐리게 보이지 않고 물체를 뚜렷하게 볼 수 있어. 이렇게 렌즈나 안경을 써서 잘 보이게 하는 걸 교정이라고 한단다.

 망원경은 먼 곳에 있는 물체를 가까이 있는 것처럼 잘 보이게 해 줘. 거리에 따라 망원경 렌즈를 움직여서 초점을 맞추면 돼.

 한편 현미경은 맨눈으로는 안 보이는 아주 작은 물체도 크게 확대하여 잘 보이게 해 준단다. 돋보기도 물체를 확대해 주지만, 볼록 렌즈 하나만 쓰기 때문에 물체를 아주 크게 보진 못해. 하지만 현미경은 렌즈를 2개 쓰기 때문에 물체를 훨씬 더 크게 확대할 수 있어.

 우리가 흔히 쓰는 현미경은 최고 2000배까지 물체를 확대해 줘. 과학자들이 쓰는 전자 현미경 가운데에는 물체를 수백만 배까지 확대해 주는 것도 있단다. 정말 엄청나지?

✵✵✵

 갑자기 코코가 외쳤어.
 "앗, 여기 좀 보세요! 발자국이 있어요."
 "어디? 난 안 보이는데?"
 "흐흐, 저는 현미경 같은 눈을 가진 연구실 로봇이랍니다. 희미하지만 분명히 발자국이 보여요. 우리 발명가님 발자국보다는 크고 명탐정님 발자국보다는 작네요."
 명탐정은 족적을 보이게 해 주는 특별한 장비로 빛을 비추어 보았어.

그랬더니 명탐정 눈에도 정말 발자국이 보였지.

"와, 너는 정말 눈이 좋구나! 사람의 눈으로 안 보이는 것도 보고, 착시 현상도 없고, 눈물 없이도 늘 깨끗하게 유지되니, 정말 좋겠다. 너는 연구실보다 탐정 사무실에 더 필요해!"

명탐정은 코코를 힘껏 껴안았어. 코코는 부끄러워하면서도 뿌듯한 표정이었지.

명탐정과 코코는 발자국을 잘 살펴보았어.

"음, 이건 운동화야. 운동화 바닥이 꽤 닳은 걸 보니, 이 신발을 오래 신었거나 열심히 운동을 하는 사람 같아."

"그렇다면 운동선수 아닐까요?"

"글쎄, 어쩌면 그럴 수도 있고, 그저 운동을 좋아하는 사람일 수도 있지. 아니면 연구실에 몰래 들어오려고 일부러 운동화를 신고 온 걸 수도 있어. 구두나 슬리퍼 따위보다는 운동화가 발소리도 나지 않고 달아나기에도 좋으니까. 그렇다면 갑자기 벌인 일이 아니라 계획한 일이라는 뜻이지."

명탐정의 말에 코코는 고개를 끄덕였어.

그때 창밖에서 부스럭 소리가 났어.

"잠깐, 지금 밖에서 무슨 소리가 났지?"

명탐정이 말을 멈추고 귀를 기울였어. 그러자 타다닥 달아나는 소리가 이어졌지. 명탐정이 쏜살같이 뛰어나갔지만, 창밖에 있던 사람은 이미 달아난 뒤였어.

명탐정은 아무도 잡지 못한 채 터덜터덜 돌아왔어.

"코코, 아무 소리도 못 들었어? 왜 가만 있었어?"

코코는 쭈뼛쭈뼛 대답했어.

"저는 사람 말밖에 못 들어요. 하지만 음성 인식은 어떤 로봇보다도 잘한다고 발명가님이 늘 칭찬하셨는데······."
명탐정은 시무룩한 코코의 어깨를 토닥였어.
"연구실에서는 귀보다 눈이 중요했겠지만, 탐정 일을 하려면 귀도 중요해. 발명가님에게 네 귀를 사람처럼 만들어 달라고 하자."
"정말요? 저도 사람처럼 뭐든지 듣게 해 준다고요?"
"하하, 사람이 뭐든지 듣진 못해. 하지만 말뿐만 아니라 다른 여러 소리도 들을 수는 있지."
명탐정은 코코를 보며 한쪽 눈을 찡긋했어.

타다닥

박사님께 코코도 청각을 더 좋게 해달라고 하자!

꺄! 좋아요!

동물들은 어떻게 들을까?

사람이나 고양이, 개, 여우 등 귀로 듣는 동물들이 많아. 하지만 모두 귀가 있는 건 아니야.

곤충 가운데 여치와 귀뚜라미는 앞다리에, 메뚜기와 매미는 배의 첫째 마디에 고막이 있어. 파리, 모기, 벼룩은 더듬이 아래쪽에 고막이 있지. 고막이 어디에 있든 그 고막이 울려서 소리를 느끼는 거야. 뱀은 귀 대신 뼈로 소리를 듣지.

이처럼 소리를 듣는 감각을 청각이라고 하는데, 예민한 청각을 갖고 있는 동물은 척추 동물과 곤충뿐이야. 척추 동물 가운데서도 포유류와 조류가 특히 청각이 발달되어 있지. 포유류는 귓바퀴를 갖고 있어서 다른 동물들보다 소리를 잘 들을 수 있단다.

듣는 방법만 다른 건 아니야. 들을 수 있는 소리의 높이도, 얼마나 잘 들을 수 있는지도 달라. 개나 박쥐, 돌고래는 아주 높고 날카로운 소리도 들을 수 있어.

박쥐가 어두운 동굴 속에서 부딪히지 않고 날며 먹이를 찾아내는 건 바로 이렇게 발달된 청각 덕분이야. 한편 코끼리는 아주 낮고 깊은 소리를 들을 수 있지.

★★★

"다 됐다, 코코. 이제 너는 사람의 목소리뿐 아니라 다른 소리도 잘 들을 수 있어. 들어 봐. 어떤 소리가 들리니?"

코코에게 청각 기능을 달아 준 발명가가 부드러운 목소리로 말했어. 코코는 가만히 귀를 기울였지.

"와, 발명가님 목소리 말고도 다른 소리가 들려요.
째깍째깍……."
"응, 그건 시계 소리야."
발명가가 빙그레 웃으며 말했어. 코코는 계속 귀를 기울였지.
"명탐정님 가슴에서 콩닥콩닥……."
명탐정은 새빨개진 얼굴로 코코의 입을 막았어.
"아, 아닙니다. 발명가님. 아침을 안 먹었더니 배에서 소리가
나는군요."

"배가 아니라 가슴에서 난다니까요. 제 귀는 틀림없어요. 더 빠른 소리로 콩닥콩닥……."

코코가 명탐정 가슴에 귀를 바짝 대자, 명탐정은 펄쩍 뛰며 코코를 밀어냈어.

"으유, 코코. 귀는 아주 잘 들리는 것 같으니, 네 뇌에 각 소리에 대한 정보 좀 넣고 가자."

가만, 귀를 기울여 보아요

귀는 어떻게 들을까? 소리는 귀로 들어가 고막을 울린 다음 귓속뼈를 거쳐 달팽이관으로 가. 그리고 청각 신경을 통해 뇌로 전해진단다.

고막, 귓속뼈, 달팽이관으로 이루어진 귀의 내부는 크기가 엄지손가락 끝마디 정도야. 앞에서 얼굴을 봤을 때 두 눈의 바로 뒤쪽에 두 귀의 내부가 들어 있어.

소리가 전해지는 길을 간단히 말하면 다음과 같아.

음파 → 귓바퀴 → 귓구멍 → 고막 → 귓속뼈 → 달팽이관 → 청각 신경 → 대뇌

소리를 듣는 건 귀가 하는 일이지만, 그 소리가 뭔지 알아내는 건 뇌가 하는 일이야.

아기는 큰 소리를 들으면 그저 놀라서 울지. 하지만 좀 자라서 그게 무슨 소린지 알게 되면 달라져. 사이렌 소리를 들으면 불자동차가 지나가는 줄 알고, 불꽃놀이 소리를 들으면 신나서 구경하러 나가니까 말이야.

무슨 소리인지 알 뿐 아니라 소리가 나는 방향도 알 수 있어. 눈을 가린 친구에게 손뼉을 치는 등 소리를 내어 위치를 알려 주며 잡기 놀이를 해 본 적 있니? 어떻게 보지 않고도 친구들이 어디 있는지 찾아낼까?

그건 두 귀가 동시에 소리를 들으면, 보지 않고도 소리가 어디에서 나는지 알 수 있기 때문이란다.

✶✶✶

"하하, 저는 이제 여러 소리를 들을 수 있을 뿐만 아니라 그 소리가 뭘 뜻하는지도 알아요. 음악 소리가 얼마나 좋은지도 알고요. 전 특히 락 음악이 좋아요."

코코가 헤드폰을 쓴 채 몸을 흔들거리며 말했어.

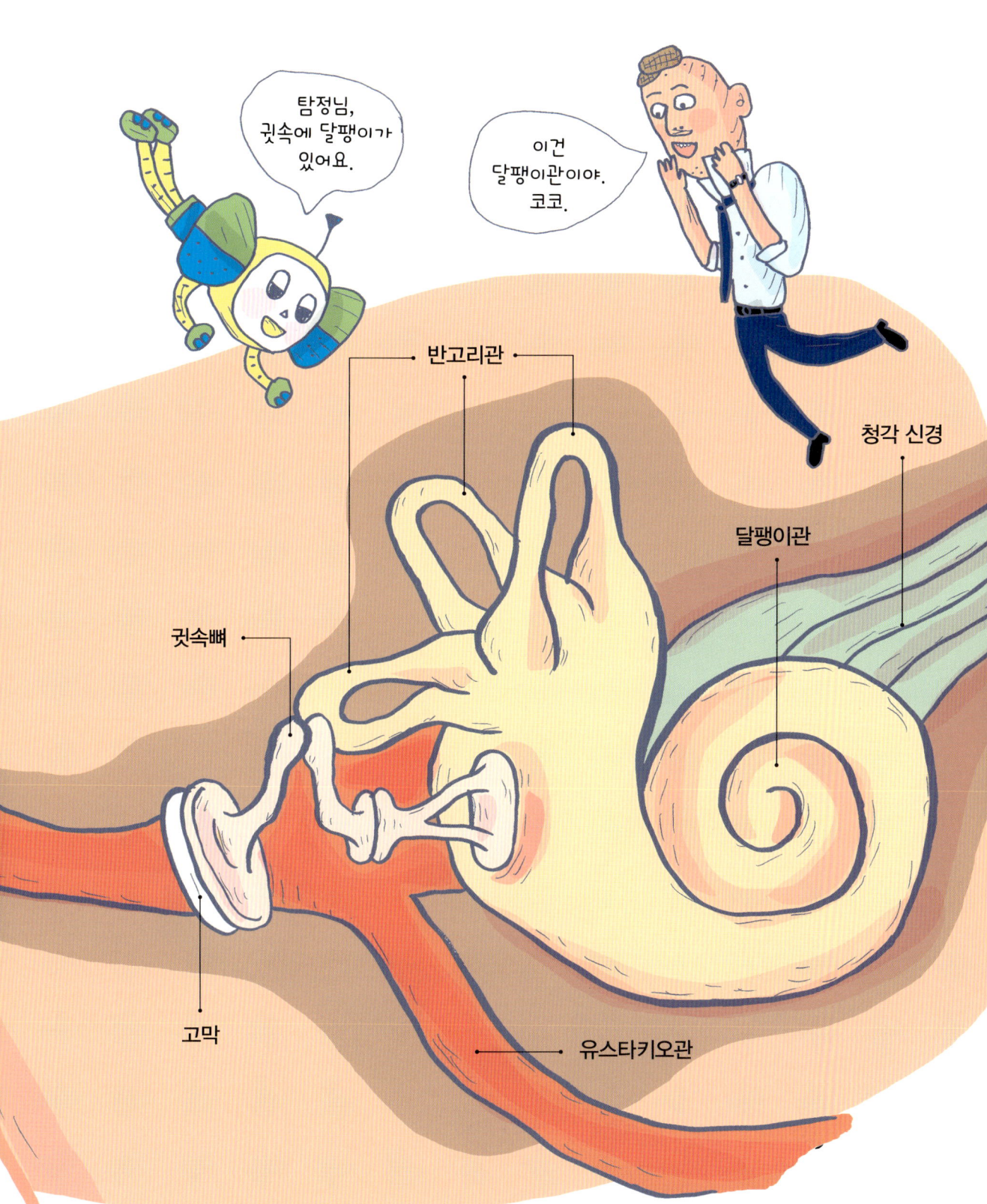

"오, 진정한 로봇 댄스로구나. 코코, 이제 모든 소리를 알게 됐으니 주민 인터뷰를 나가자. 혹시 목격자가 있을지도 몰라. 사람의 말뿐만 아니라 여러 소리를 통해서도 실마리를 얻을 수 있어."

명탐정과 코코는 연구실을 나오자마자 이어폰을 꽂은 십대 아이를 만났어. 그 아이는 헤드폰을 쓴 코코를 보자 반갑게 웃으면서 코코와 손바닥을 짝 부딪쳤지.

"예이, 요! 너도 음악 좀 듣나 보구나. 너 요즘 어떤 음악 듣니?"

"헤이, 요! 난 이제 음악을 듣기 시작했는데 말이야……."

둘이 신나게 음악 이야기를 시작하려고 하자, 명탐정이 얼른 끼어들었어.

"너 이 동네 사니? 어제 이 시간에 이쪽에서 수상한 사람을 보거나 무

슨 소리를 들진 못했니?"
"네, 이 동네 살아요. 어제도 이 시간에 돌아다니긴 했는데, 음악을 들을 때면 눈을 감고 음악에 푹 빠질 때도 많다 보니, 뭐 특별히 본 것도 없는 것 같네요."
아이는 크게 소리쳤어.
명탐정은 아이의 이어폰 한쪽을 살짝 빼주었지. 이어폰 밖으로 시끄러운 음악이 쿵쿵 퍼져 나왔어.
"이렇게 음악을 크게 들으니, 네가 크게 소리치는 거야. 이어폰을 늘 귀에 꽂고 살면 나중에 귀에 문제가 생길 수도 있어. 조심하렴."

귀를 보호해 주세요

소리의 특성은 세 가지로 나타낼 수 있어. 바로 지속 시간, 주파수, 진폭이야. 간단히 말하자면 지속 시간은 소리의 길이, 주파수는 소리의 높이, 진폭은 소리의 세기를 말해.

주파수는 헤르츠(Hz)로 나타내고, 진폭은 데시벨(dB)로 나타내. 데시벨은 소음을 재는 단위로도 쓰이는데, 사람들이 나누는 대화는 60데시벨 정도란다.

소리가 85데시벨 이상으로 셀수록, 그리고 길게 이어질수록 사람들은 불쾌할 뿐만 아니라 청각도 상할 수 있어.

특히 어린이들은 어른보다 더 쉽게 청각이 상할 수 있어. 그러니까 텔레비전이나 라디오 소리는 낮추고, 헤드폰이나 이어폰도 작은 소리로 적당히 사용해야 해. 너무 시끄러운 곳에 있다면 귀마개를 쓰는 것도 좋아.

✶✶✶

코코는 소중한 귀를 아끼려고 헤드폰을 벗었어. 하지만 자기도 귀가 있다는 걸 보여 주고 싶어서 헤드폰을 아주 빼지는 않고 목에 걸었지. 그리고는 명탐정과 함께 연구실 옆집을 찾아갔어.

옆집에서는 배가 불룩한 임산부가 나왔어.

"어머나, 도둑이라고요? 쉿! 그런 얘기는 우리 아기가 들으면 안 되니, 조용히 말해 주세요."

임산부는 배를 가리려는 듯 양팔로 감싸 안고는 소곤소곤 말했어.

"어제 그 시간에 저는 집에 있었어요. 조용히 태교 음악을 듣고 있는데, 밖에서 급히 뛰어가는 발소리가 들렸지요. 하지만 몸이 무거워서 일어나 내다보지는 않았어요."

"아, 뛰어가는 발소리를 들으셨다고요? 어떤 소리였는지 기억 나시나요? 구두 소리라든지……."

"아뇨, 구두 소리는 아니었어요. 탁탁탁 하는 소리가 났으니까요. 운동화 같은 편한 신발을 신고 조심성 없이 뛰어가는 소리였어요."

"그렇군요. 고맙습니다."

명탐정이 인사를 하고 돌아서자, 코코가 물었어.

"뱃속 아기가 듣는다고요? 정말 들을 수 있나요?"

"응, 사람의 청각은 뱃속에서부터 이미 발달하거든."

뱃속 아기도 소리를 들어요

뱃속 아기는 3주만 돼도 귀가 생기고, 16주면 소리를 들을 수 있어. 즉 임신 4개월이면 뇌가 생겨 소리를 느낄 수 있고 엄마 목소리도 기억하게 되거든.

임신 6개월쯤 되면 뱃속 아기는 소리에 반응을 보이기도 한다. 그래서 임산부들은 큰 소리를 들으면 뱃속 아기가 깜짝 놀랄까 봐 조심하고, 아기가 들으면 좋을 만한 클래식 음악을 들려주기도 해. 특히 엄마 아빠의 다정한 목소리를 자주 들려주려고 애쓰지.

청각은 뱃속 아기의 감각 가운데 가장 빨리 발달하는 것 가운데 하나란다.

✸✸✸

　　명탐정과 코코가 임산부의 집을 나와 보니 한 할아버지가 벤치에 앉아 있었어.

　"할아버지, 여기 자주 오세요?"

　"뭐라고? 안 들려!"

　할아버지가 귀를 기울이며 소리치자, 명탐정도 크게 소리쳐 대답했어.

　"할아버지, 여기 자주 오시냐고요? 혹시 어제도 여기 계셨어요?"

"뭐라고? 크게 말해!"

할아버지는 벤치에서 벌떡 일어나다가 어지러운지 잠시 비틀거렸어.

"앗, 조심하세요!"

명탐정과 코코는 양쪽에서 얼른 할아버지를 붙잡았지.

"할아버지 귀도 어두우시고 몸의 중심도 잘 못 잡으시고, 귀에 문제가 있는 것 같은데……."

"몸의 중심을 못 잡는 것도 귀랑 상관이 있어요?"

"응, 귀는 듣는 일뿐만 아니라 우리 몸의 균형을 잡는 일도 하거든."

빙글빙글 돌다가, 그대로 멈춰라!

귀는 청각뿐만 아니라 몸의 평형감각을 맡고 있어. 귀에 있는 전정기관이 평형감각과 관련된 일을 하지. 전정기관 중에서 전정은 몸이 기울어지는 것을 느끼고, 반고리관은 몸이 돌아갈 때 그 방향을 느낀단다.

평균대에서 조심조심 걸어본 적이 있니? 아니면 스케이트나 자전거를 배울 때 몸이 한쪽으로 기울어지지 않게 중심을 잡으려고 애써 본 적이 있지? 이때 몸이 기울어지는 것을 느끼고 그 방향을 우리에게 알려주는 게 바로 전정기관이야.

전정 안에는 작은 돌이 있는데, 우리 몸의 평형을 잡게 해 주는 돌이라고 해서 평형석이라고 불러.

한편 반고리관에는 돌 대신 림프라는 액체가 들어 있어. 몸이 빙글 돌아가면 림프액도 빙글 돌아가면서 몸이 회전하는 걸 느끼게 되지.

코끼리코를 하고 빙글빙글 돌다가 멈춰본 적 있니? 멈춘 다음 똑바로 걷지 못하고 한동안 비틀거리게 되지? 왜 그럴까? 물통에 물을 채우고 빙글빙글 돌린다고 생각해 봐. 물통을 멈춰도 물통 속 물은 좀 더 돌아가다 멈추겠지?

마찬가지로 우리 몸이 돌아가다가 멈춘 뒤에도 림프액은 좀 더 돌아가. 그럼 우리는 잠시 어지러우면서 비틀거리게 되는 거야.

✦✦✦

명탐정은 할아버지를 다시 벤치에 잘 앉혀 드린 다음, 할아버지의 귀에 대고 큰 소리로 물었어. 그제야 할아버지는 알아들었지.

할아버지는 부스럭거리며 뭔가 꺼냈어.

"나는 여기에서 주로 시간을 보내니, 아주 자주 오지. 어제 이 시간에도 여기에서 잠깐 졸고 있는데, 뭔가 휙 지나가지 않겠어? 화들짝 놀라서 눈을 떠 보니, 이런 종이 조각이 하나 떨어져 있지 뭔가? 주인을 찾아주려고 했는데, 그새 사라졌더라고. 그래서 오늘 여기 앉아 있으면 찾아오려나 했더니, 자네가 이 종이 주인인가?"

할아버지는 종이 조각을 하나 건네줬어.

명탐정은 접혀 있는 종이 조각을 펼쳐 보았어. 빨간 바탕에 검은 글자와 그림이 그려져 있는 종이는 왠지 신비로워 보였어. 명탐정은 종이를 손으로 쓰다듬어 보았지.

"종이는 약간 거칠고 뻣뻣하고, 글자 부분은 매끈하고……, 아야!"

종이에 손을 벤 명탐정은 얼굴을 찌푸렸어.

"종이는 거칠고 뻣뻣하고, 글자는 매끈하고, 손은 아프다는 거네요?"

코코는 종이를 만져 보며 부러운 표정으로 말했어.

"저는 몰라요. 거친 것도, 뻣뻣한 것도, 매끈한 것도, 아픈 것도……. 저는 촉각이 없어요. 연구실에서 제가 촉각을 써야 할 일은 없었거든요. 얼굴을 찌푸리는 걸 보면 아픈 건 나쁜 거겠지요? 하지만 전 그것도 부러워요. 그게 바로 사람다운 것일 테니까요."

"음, 그래. 사실 아픈 것도 나쁜 것만은 아니야. 촉각 가운데서도 아픈 걸 느끼는 감각을 통각이라고 하는데, 통각이 없다면 사람들은 더 위험에 빠질 수 있거든. 통각은 우리를 위험에서 벗어나게 해 줄 때가 많아."

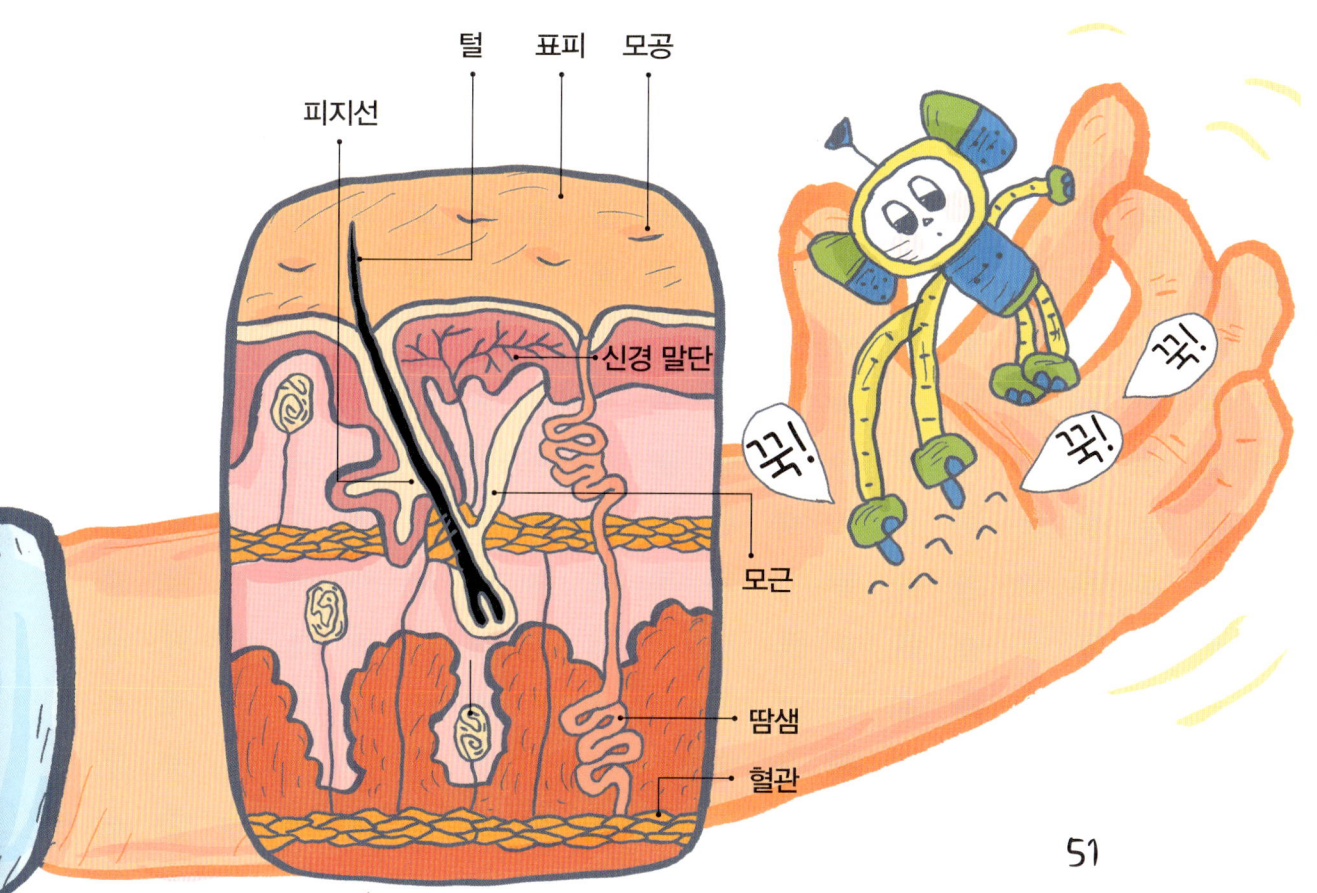

피부는 무엇을 느끼나?

피부에 닿아서 느끼는 감각을 촉각이라고 하지. 우리 피부에는 촉각을 느끼는 감각점들이 퍼져 있어.

감각점에는 차가운 걸 느끼는 냉점, 따뜻한 걸 느끼는 온점, 누르는 걸 느끼는 압점, 아픈 걸 느끼는 통점이 있단다.

우리 몸의 각 부분마다 감각점은 다르게 퍼져 있어. 손바닥이나 손가락 안쪽에는 감각점이 아주 많아서, 몸의 어떤 부분보다도 촉각을 잘 느껴.

특히 손끝에는 압점이 많고 손등에는 통점이 많단다. 하지만 등 같은 곳은 감각점이 적게 있어서, 손보다는 감각을 둔하게 느끼지.

우리 몸에는 전체적으로 통점이 가장 많고, 그 다음으로는 압점, 냉점, 온점의 차례로 많아.

촉각이 없다면, 우리는 뜨거운 물에 손을 넣고도 손을 뺄 생각을 못하겠지? 무거운 것에 발이 깔려도 느낄 수 없겠지. 그러면 우리는 피부가 데거나 뼈에 금이 가거나 부러져도 모를 거야. 이처럼 촉각은 우리를 위험으로부터 지켜주는 일을 한단다.

★★★

"아, 이렇게 중요한 일을 하는 감각이라니! 저는 정말 촉각을 갖고 싶어요. 촉각이 있으면 탐정 일을 할 때에도 도움이 되지 않을까요?"

"그래, 수사를 할 때는 생각지도 못한 걸 통해서 실마리를 얻기도 하니까 오감이 다 있는 게 좋지. 하지만 지금 당장 사람 같은 촉각을 갖는 건 어려우니 좀 간단한 방법을 찾아보자."

"왜요?"

"사람은 온몸을 덮은 피부로 촉각을 느껴. 하지만 몸의 어떤 일부분에서만 촉각을 느끼는 동물들도 있어. 네 온몸을 피부로 덮는 건 큰 수술이니, 이번 사건을 끝낸 뒤에나 생각해 보자. 일단 촉각을 느낄 수 있도록 더듬이나 촉수 같은 걸 달면 어떨까?"

피부로, 털로, 돌기로 촉각을 느껴요

사람은 피부로 촉각을 느끼지만, 피부 대신 촉각모로 촉각을 느끼는 동물들도 많아. 촉각모란 털이나 털 같은 돌기를 가리켜. 여러 동물들이 이

런 촉각모를 갖고 있지.

  그 가운데 달팽이처럼 뼈가 없는 동물에 달린 가늘고 긴 돌기는 촉수라고 해. 촉수는 자유롭게 구부러지기도 하고 오그라들기도 하면서 촉각과 미각을 느끼게 하지. 해파리나 말미잘 등은 촉수를 통해 먹이를 찾아 먹는단다.

  곤충은 더듬이로 촉각과 후각을 느껴. 곤충이 더듬이를 부지런히 움직이며 주변 상황을 알아내려고 애쓰는 걸 본 적 있니? 여기서 촉각을 곤두세운다는 말이 비롯되었지. 더듬이를 세우고 주변을 살피는 곤충처럼 온 정신을 모아 언제든지 대응할 준비를 하는 걸 말해.

고양이는 수염에 예민한 촉각을 갖고 있어. 고양이는 돌아다닐 때 뭔가 있으면 수염을 통해 먼저 느끼게 돼. 수염에 직접 닿지 않아도 공기의 흐름이나 변화까지도 느낄 수 있거든. 그래서 고양이는 어둡거나 좁은 곳에서도 수염으로 장애물을 피하며 잘 달릴 수 있지.

✳✳✳

"하지만 전 더듬이나 촉수는 싫어요. 수염은 더 싫고요. 저도 사람처럼 피부로 느끼고 싶어요. 사람처럼 온몸의 피부가 다 느끼는 건 아니더라

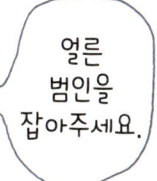

"얼른 범인을 잡아주세요.

도, 피부로 느끼게 해 주세요."

발명가를 찾아간 코코가 말했어.

"그래, 알았다."

발명가는 코코의 손가락 수술을 해 주었어.

"다 됐다. 이제 손가락으로 촉각을 느낄 수 있어. 만져 보렴. 뭘 느낄 수 있니?"

발명가는 얼음이 가득 담긴 컵을 내밀었어. 코코는 컵에 손을 대자마자 화들짝 손을 떼었어.

"이게 차가운 느낌인가요?"

"맞아, 얼음의 차가운 느낌."

코코가 실험 도구들을 닦는 솔을 만지자, 발명가가 말했어.

"그건 까칠까칠한 느낌."

코코는 신이 나서 램프 위에서 끓고 있는 비커에도 손을 대려 했어.

"안 돼! 그건 뜨거워! 아얏!"

발명가가 코코의 손을 잡아채려다가 그만 자기 손을 데고 말았어. 명탐정은 얼른 발명가의 손을 잡아 얼음 컵에 담갔어.

"코코, 약 가져와."

명탐정은 얼음에 식힌 발명가의 손

에 연고를 살살 발라 줬어.

"그건……, 아마 부드러운 느낌. 맞죠?"

코코가 말하자, 발명가는 명탐정의 손에서 얼른 손을 뺐어.

"고마워요. 이제 제가 할게요. 탐정님은 어서 수사를 계속 하셔야죠."

"아, 그렇죠. 그럼 다녀오겠습니다."

연구실을 나온 명탐정의 빨간 볼을 만져보며 코코가 말했어.

"이건……, 아마 뜨거운 느낌."

연구실 밖에는 바람이 살살 불었어. 나뭇잎들이 하늘하늘 춤을 추었지. 코코는 손으로 바람을 느끼며 말했어.

"아, 이게 바로 바람 느낌이로구나. 나뭇잎들은 저렇게 바람에 흔들려도, 저처럼 바람의 느낌을 알 수는 없지요?"

"식물 가운데도 촉각이 있는 것들이 있단다."

식물도 촉각이 있다고?

곤충을 잡아먹는 식충 식물에 대해 들어본 적 있니? 파리지옥이나 끈끈이주걱 등 식충 식물에는 촉각을 느끼는 부분이 있어.

파리지옥은 잎 안쪽에 긴 털이 몇 가닥 있는데, 그게 바로 촉각을 느끼는 감각모야. 파리지옥은 곤충들이 좋아하는 냄새를 풍겨 곤충들을 불러들여. 그리고 먹이가 들어오면, 감각모로 그걸 느끼고는 양 잎을 재빨리 닫아 곤충을 가둬 버리는 거야.

끈끈이주걱에는 주걱처럼 생긴 감각모가 달려 있어. 이 감각모는 달콤

한 냄새를 풍기면서 햇빛을 받으면 반짝거리기도 해. 그래서 곤충들이 다가오면 감각모로 느끼고는 천천히 조여 곤충을 잡는단다.

식충 식물 말고도 촉각을 느끼는 식물들은 더 있어. 가시박은 사람보다도 더 민감한 촉각을 갖고 있어. 사람은 2그램(g)은 되어야 무게를 느끼는데, 가시박은 아주 가벼운 것도 느끼거든. 0.25그램(g)쯤 되는 가벼운 끈만 늘어뜨려도 가시박은 그 끈의 무게를 느끼고는 덩굴을 감아 올리지.

미모사도 촉각을 느끼는 식물인데, 신경이 예민한 풀이라고 하여 신경초라고도 불러. 살짝 건드리거나 바람만 스쳐도, 활짝 펴고 있던 잎을 곧바로 오므려 버리지. 이런 미모사를 가리켜 이스라엘에서는 '날 만지지 마', 벵골에서는 '수줍은 아가씨'라고도 부른단다.

✸✸✸

"식물이 촉각도 느끼고, 별명도 있고, 마치 사람 같네요. 저도 별명이 있으면 좋겠어요."

"좋아, 그럼 명조수 코코는 어때?"

"애걔, 그런 것도 별명이라고요?"

코코는 별로 맘에 들지 않는 눈치였어.

"그럼 좀 더 생각해 보자. 아야!"

명탐정 머리 위로 뭔가 툭 떨어졌어. 그건 소나무에서 떨어진 솔방울이었어. 코코도 맞을 뻔했지만, 재빨리 피한 덕분에 맞지 않았지.

"아, 나도 로봇처럼 정확하고 빠르면 얼마나 좋을까?"

명탐정이 머리에 난 혹을 어루만지며 투덜거렸어.

"전 머리에는 촉각이 없어서 맞아도 안 아팠을 텐데……. 사람은 맞자마자 아픈 걸 느끼는 거죠? 역시 사람은 대단해……."

"아유, 코코. 별걸 다 부러워하는구나. 그리고 정확히 말하자면, 사람도 맞자마자 아프지는 않아. 맞은 걸 느끼는 게 먼저, 아픈 걸 느끼는 건 그 다음이란다."

"맞은 걸 느끼는 것과 아픈 걸 느끼는 게 다르다고요?"

통각이 빠르나, 촉각이 빠르나?

통각이 없다면 우린 아픈 걸 느끼지 못하겠지. 길을 가다 넘어져도, 자다가 침대에서 쿵 떨어져도, 친구들과 게임을 하다 져서 꿀밤을 맞아도 하나도 안 아플 거야. 그럼 정말 좋겠다고? 아니, 그렇지 않아. 아픈 걸 느끼지 못하면 위험하단다.

손바닥에 작은 가시가 하나 박혀도 따끔하고 아프지? 그런 아픔을 느끼지 못한다면 가시가 박힌 것도 모르고 빼낼 생각도 안 하겠지.

그런데 통각은 촉각보다 좀 더 느려. 즉 우리 발에 뭔가 닿은 걸 아는

게 더 빠르고, 유리 조각에 찔려서 아프다는 건 조금 뒤에 알게 되는 거지.

우리 몸에 있는 다른 감각 신경에 비해 통각 신경은 아주 빽빽하게 많이 있어. 통각 신경이 많아야만 어딘가 아플 때 쉽게 알아차리니까. 신경이 굵으면 우리 몸에 많이 있을 수는 없겠지?

그래서 우리 몸에 많이 있어야 하는 통각 신경은 가늘 수밖에 없어. 하지만 가는 신경은 굵은 신경보다 신호를 느리게 전달한단다.

어두운 곳에서 물컹하거나 끈적한 곳에 손이 닿기만 해도 깜짝 놀라 손을 움츠리게 되지? 이것은 통각보다 먼저 느끼는 촉각을 통해 위험을 피하려 하는 자연스러운 행동이란다.

✳✳✳

명탐정을 맞히고 데굴데굴 굴러간 솔방울이 멈춘 곳에는 작은 천막이 있었어. 열린 천막 사이로 어떤 할머니가 눈을 감고 앉아 있는 게 보였지. 할머니 앞에는 새장이 놓여 있고, 그 옆에는 '새점 봅니다'라고 쓰여 있었어.

"솔방울을 따라 손님이 오셨구먼."

할머니는 눈이 보이지 않는 시각 장애인이었어. 손님이 오면 새가 골라 주는 종이 쪽지를 통해 손님에게 필요한 이야기를 해 주며 살아가고 있었지.

"혹시 이 종이에 대해 아세요?"

명탐정은 할머니에게 부적처럼 생긴 종이 조각을 내밀었어. 할머니는 그 종이를 손으로 이리저리 만져 보았어.

"어려움이 있어도 곧은길로 가라.
이 쪽지를 누구한테 줬더라?"

할머니는 계속 고개를 갸웃거렸어.
기다리던 명탐정은 할머니에게
명함을 건네고는 나왔어.

"생각나면 연락 주세요!"

"이보게, 점자로 된 명함을 줘야지. 내가 이걸 어떻게 보고 연락을 하나?"

할머니가 명함을 만져보며 천천히 말했어. 하지만 벌써 명탐정과 코코는 사라진 뒤였지.

손끝으로 읽다, 점자

눈이 보이지 않는 시각 장애인도 글을 읽고 쓸 수 있어. 바로 점자 덕분이지. 점자는 종이 위에 볼록 나와 있는 점으로 글자와 숫자 등을 나타낸 부호야. 눈으로 보는 대신 손으로 만지면서 글을 읽을 수 있게 만든 거지.

점자는 시각 장애인인 루이 브라유가 1824년에 만들었어. 1809년에 프랑스에서 태어난 루이 브라유는 세 살 때 아버지의 작업장에서 송곳을 갖고 놀다가 찔려서 왼쪽 눈이 안 보이게 되었어. 네 살 때는 감염으로 오른쪽 눈마저 안 보이게 되었지.

그뒤 브라유는 열 살에 파리의 국립맹인아동학교에 입학하고, 열다섯 살에 6개의 점을 이용한 점자를 만들어 냈단다.

브라유의 친구들은 곧바로 브라유의 점자를 쓰기 시작했지만, 이것이 널리 쓰이기까지는 시간이 꽤 많이 걸렸어. 브라유가 세상을 떠나고 2년이 지난 1854년에야 프랑스 파리의 학교에서 공식적으로 쓰이기 시작했으니까 말이야.

"자, 이제 어디로 찾아가면 될까?"
"쪽지에 곧은길로 가라고 되어 있었죠? 그럼 굽은 길이 아니라는 거잖아요? 명탐정님, 우리 여기에서 곧은길로만 찾아다녀 봐요."
코코가 갈림길을 살펴보며 말했어.
"글쎄, 곧은길이 진짜 길을 말하는지, 그렇다 해도 어디에 있는 곧은길을 말하는지 모르잖아. 그것보다는 좀 더 확실한 실마리를 갖고 찾아봐야 해."
명탐정은 쪽지에 코를 대고 킁킁거렸어.

"뭔가 희미한 냄새가 나는 것도 같은데? 아, 내가 개코라면……."

"사람한테 어떻게 개코가 달려 있겠어요? 까맣고 번들거리는 개코보다는 사람에겐 사람코가 더 어울리지요. 아, 내가 사람코라면……."

"코코, 내가 말하는 건 코 모양이 아니야. 코가 얼마나 냄새를 잘 맡느냐는 거지."

"하긴 코의 모양을 말하자면, 탐정님 코는 사람코보다는 돼지코에 가까운……."

"으윽, 뭐라고?"

개코의 위력

냄새를 잘 맡기로 손꼽히는 동물은 바로 개야. 냄새를 맡아 느끼는 감각을 후각이라고 하는데, 개는 후각 세포가 사람보다 40배나 넘게 많아. 사람의 후각 세포는 500만 개쯤인데, 개의 후각 세포는 2억 개쯤이나 되거든. 그뿐만이 아니야. 후각 세포 하나가 냄새를 느끼는 정도도 사람보다 훨씬 뛰어나. 그래서 사람은 느끼지도 못하는 아주 희미한 냄새도 개

는 뚜렷하게 느끼고 어떤 성분인지도 구별해 낸다.

　반짝거리는 개코를 본 적 있지? 왜 그럴까? 개는 자기 코를 혓바닥으로 핥아 늘 촉촉하게 젖어 있게 해. 그래야 냄새를 잘 맡고, 냄새가 날아오는 방향도 잘 알아차릴 수 있거든. 코가 반짝반짝 빛나고 촉촉하게 젖어 있는 개는 건강한 개야.

　사람은 시각으로 많은 걸 알아내지만, 개는 후각으로 많은 걸 알아내. 그래서 경찰견, 구조견, 마약 탐지견, 지뢰 탐지견 등 뛰어난 후각을 이용해 사람이 못하는 일을 해내는 개들이 많단다.

✳✳✳

"아, 그런 게 개코라면, 제가 바로 개코예요. 연구실에서는 후각이 중요하거든요. 실험에 문제가 있을 때면 이상한 냄새부터 풍길 때가 많으니까요. 킁킁, 제가 냄새를 맡아 볼게요."

"이 쪽지 냄새를 맡아 봐."

"킁킁, 뭔가 냄새가 나는 것 같긴 한데……, 정말 희미하네요. 왜 어떤

냄새는 강하고 어떤 냄새는 이렇게 약하지요?"

"그건 냄새 분자가 얼마나 남아 있느냐에 따라 달라져. 냄새를 풍기는 냄새 분자가 날아가면 그만큼 냄새는 약해지지."

"냄새 분자라고요?"

코는 어떻게 냄새를 맡을까?

코는 숨을 쉬는 일도 하지만 냄새를 맡는 일도 해. 코는 바깥에서 들어오는 공기를 따뜻하고 촉촉하게 만들어 주고, 코털은 공기를 깨끗하게 걸러 줘. 이렇게 해서 콧속으로 들어오는 공기에는 냄새 분자들이 섞여 있어.

콧속의 천장에는 우표만 한 후각 상피가 있는데, 여기에는 500만 개나 되는 후각 세포가 있어. 후각 세포들이 공기 가운데 떠다니는 냄새 분자를 알아차리고 후각 신경을 따라 뇌로 전해 주면, 뇌는 그 냄새가 뭔지 알아내는 거야.

✻✻✻

"아하, 그래서 제가 연구실에서 나는 냄새를 그렇게 잘 맡을 수 있었군요. 냄새 분자가 날아가 버리기 전에 냄새를 맡으니까요. 연구실에서는 약품 냄새가 날 때가 많은데, 실험에 쓰이지 않은 냄새가 섞이면 저는 곧바로 알아차렸지요. 그럼 발명가님이 칭찬해 주시곤 했는데……. 아, 발명가님이 향수를 뿌려도 잘 알아차렸지요."

"발명가님이 향수를 뿌린다고? 안 그래도 좋은 향기가 날 텐데……."

"하하, 우리 발명가님 취미가 여러 향수를 모으는 거랍니다. 약품 냄새 풍기며 다니기 싫다고, 그날그날 기분에 따라 다른 향수를 뿌리지요."

향수가 발달한 이유

칙칙, 한번 뿌리기만 해도 향기가 금세 퍼지는 것은?

맞아, 바로 향수야. 향수는 어떻게 생겨났을까?

옛날, 유럽에서는 목욕을 하면 병에 쉽게 걸린다고 생각했어. 프랑스에서는 루이 14세 때 왕실 의사가 사람들에게 목욕을 하지 말라고 했어. 몸을 씻는 것은 병균을 몸에 바르는 거라고 믿었거든.

목욕탕에서 나오는 수증기가 병균을 옮기고, 물이 몸에 닿으면 더러운 병균이 몸에 들어간다고 생각했지. 그뿐만이 아니야, 때는 몸을 보호해 주는 두 번째 피부라고 여겨 벗겨낼 생각도 안 했단다.

생각만 해도 웩이라고? 하지만 온 유럽을 두려움에 떨게 했던 전염병인 흑사병에 걸릴까 봐 그때 사람들은 모두 목욕을 꺼렸단다.

프랑스 왕은 대중 목욕탕을, 영국 왕은 개인 목욕탕까지 없애라고 명령할 정도였으니, 알 만하지? 아픈 사람들만 치료를 위해 아주 조심스레 몸을 씻고, 건강한 보통 사람들은 목욕을 안 하는 걸 당연하게 여겼어.

그러다 보니 사람들 몸이나 머리에서 나는 고약한 냄새가 코를 찔렀단다. 그래서 왕족이나 귀족들은 향수를 만들어 뿌리고 다니게 되었어. 이렇게 해서 다양한 향수가 만들어지고, 유럽에서 향수 산업이 발달하게 되었단다.

향기 산업

 길을 가다 맛있는 냄새를 맡고, 군침을 꿀꺽 삼켜 본 적 있니? 갓 구운 빵 냄새, 방금 튀긴 치킨 냄새, 매콤한 떡볶이 냄새…….

 이런 맛있는 냄새를 맡으면 갑자기 배고파지기도 해. 반대로 배가 고프다가도 역겨운 냄새를 맡고 나면 입맛이 싹 사라지기도 하지. 이처럼 냄새는 우리의 기분을 달라지게 하기도 한단다.

 사람마다 좋아하는 냄새는 조금씩 다르지만, 좋은 향기는 사람을 기분 좋게 만들어 줘. 그래서 향기를 치료제로 이용하는 경우도 있어. 라벤더나 페퍼민트처럼 향긋한 식물에서 빼낸 향기를 맡으면 기분이 좋아지고

마음이 가라앉지. 또한 잠을 푹 자거나 소화가 잘 되거나 우울한 마음이 사라지는 등 여러 효과를 볼 수 있단다.

　냄새를 이용한 것으로는 4D 영화도 있어. 3D 영화가 입체 영화를 말하는 건 알고 있지?

　3D 영화를 보면 실제로 뭔가 날아오고 빠져드는 것만 같아서 깜짝 놀라거나 마음을 졸이면서 보게 되지. 여기에다 물이나 바람 같은 촉각, 또는 향기 같은 후각까지 체험할 수 있게 해서 더욱 사실감을 높인 것이 4D 영화야. 후각을 이용한 경우, 영화의 장면이 숲속이라면 나무 냄새

히히~ 향기 산업이 발달하면 박사님이랑~

어서 이런 날이 왔으면 좋겠다.

가, 전쟁을 하고 있다면 총소리와 함께 화약 냄새가 나는 거지.

 이 밖에도 향기 나는 베개, 양말, 속옷, 자동차 시트 등 향기를 이용한 상품들도 많아. 이와 같이 향기를 이용한 산업을 '향기 산업'이라고 한단다.

✱✱✱

"앗, 이 냄새! 여기에서 이 쪽지에서 나는 냄새랑 비슷한 냄새가 나요. 킁킁, 킁킁킁……."

 코코가 갑자기 코를 벌렁거리며 어느 집 쪽으로 발걸음을 옮겼어. 그

집은 문이 활짝 열려 있었지.
"이 집이 맞아요. 이 쪽지에서 나는 냄새가 이 집에서 풍겨요."
코코의 말을 들은 명탐정은 초인종을 눌렀어.
딩동, 딩동!
초인종을 여러 번 눌렀지만, 아무도 나오지 않았어.

"여보세요! 아무도 안 계세요?"

활짝 열린 문 사이로 집 안을 들여다보니 아무도 없었어. 식탁에서 누군가 음식을 먹다 말고 나간 듯 그릇에는 밥이 반쯤 남아 있었어.

"앗, 이것은?"

명탐정은 코코를 돌아보았어. 코코는 고개를 끄덕거렸어.

명탐정은 그릇에 남은 음식을 맛보려고 했어.

그러자 코코가 화들짝 놀라며 명탐정을 붙잡았지.

"안 돼요! 위험해요. 제가 맛볼게요."

"네가 맛을 볼 수 있다고?"

"그럼요. 발명가님의 연구가 바로 맛에 대한 것이었는걸요. 연구실 조수인 제게 미각은 꼭 필요한 것이었지요."

"그럼 너한테 혀가 있다고?"

"꼭 혀가 있어야 맛을 보나요?"

"이 봉오리들이 맛을 본다고?"

맛은 어떻게 볼까?

거울을 보고 혀를 메롱 내밀어 봐. 오돌토돌한 작은 돌기들이 보이지? 그 돌기들 옆면에는 맛봉오리라는 게 있어. 꽃봉오리 모양이면서 맛을 느끼는 일을 하기 때문에 이런 이름이 붙었지.

맛봉오리는 혀뿐만 아니라 목구멍, 입 천장, 볼 위에도 있지만 대부분은 혀에 있단다. 사람에게는 만 개쯤 되는 맛봉오리가 있는데, 각 맛봉오리마다 20~30개쯤 되는 맛세포가 있어. 맛봉오리는 젖어 있을 때 더 일을 잘해.

우리가 뭔가 먹으면 침에 녹아서 젖은 음식물이 혀에 있는 맛세포를 자극하고, 이것은 미각 신경을 따라 뇌로 전해지고, 그럼 우리가 맛을 느끼게 되는 거야. 이처럼 맛을 느끼는 감각을 미각이라고 해.

맛세포는 30일마다 새로 만들어지는데, 영양 상태가 나쁘거나 나이가 들면 숫자가 줄어들어. 그래서 몸이 안 좋거나 나이를 먹으면 음식 맛을 잘 느끼지 못하게 되지.

사람을 비롯해 척추 동물은 혀에 맛봉오리가 있지만, 곤충 등 무척추 동물은 입의 바깥 부분이나 더듬이, 발목, 알을 낳는 산란관 등 몸의 다른 부분에서 맛을 느낀단다.

그리고 맛봉오리가 있다고 해서 모두 사람처럼 맛을 잘 느끼는 건 아니야. 사람에게는 맛봉오리가 만 개쯤이나 되지만, 닭은 맛봉오리가 24개뿐이거든. 그러니까 닭은 느낄 수 있는 맛이 아주 적겠지?

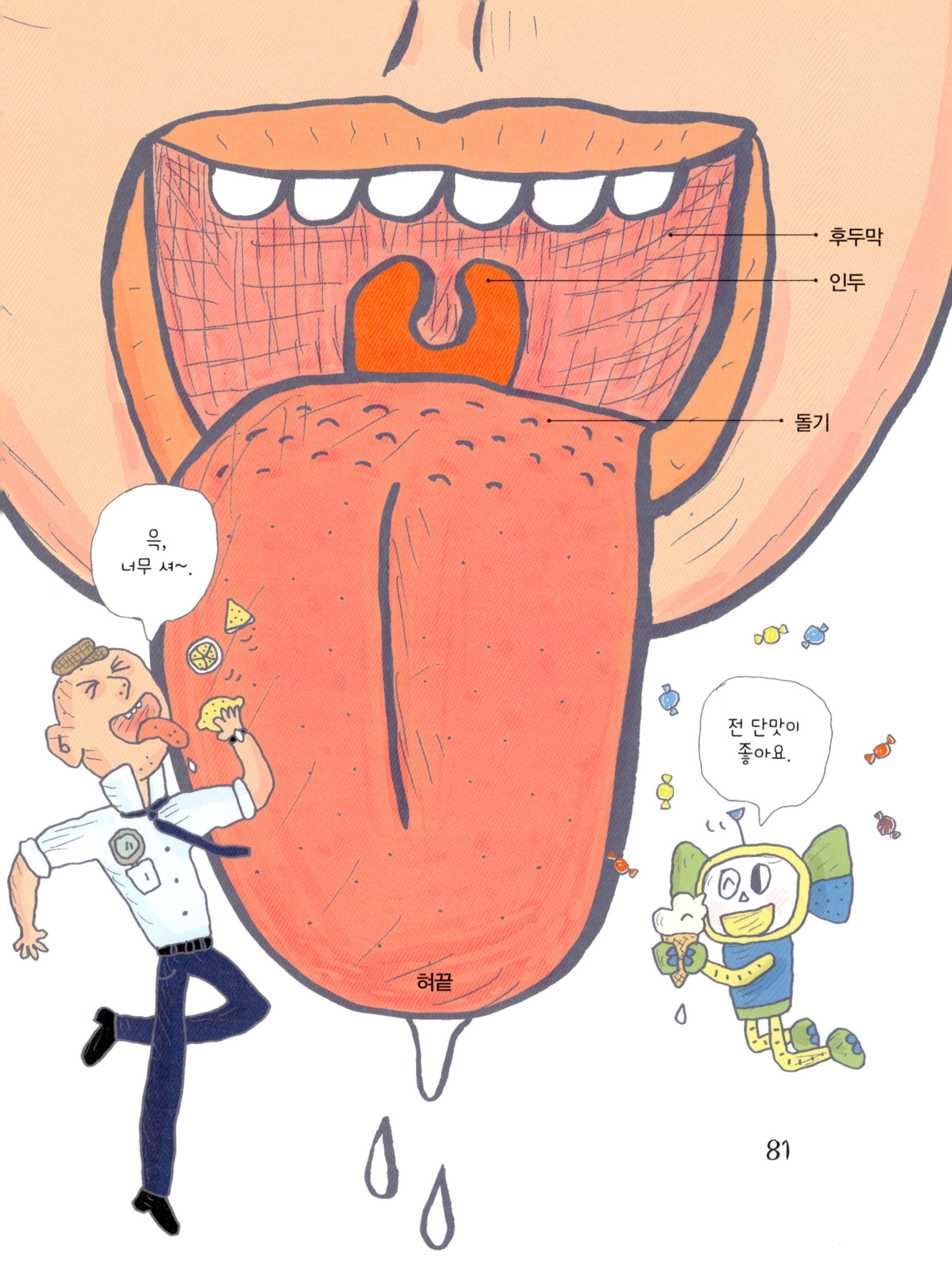

네 가지 맛

　사람은 수많은 맛을 느끼지. 하지만 실제로 우리 혀가 느끼는 맛은 단맛, 쓴맛, 신맛, 짠맛의 네 가지뿐이란다. 여기에 감칠맛까지 더해 다섯 가지 맛을 느낀다고 보기도 해.

　우리가 느끼는 초콜릿 맛, 포도 맛 같은 건 후각을 통해 느끼는 향이야. 그리고 매운맛이나 떫은맛은 미각이 아니라 통각이나 촉각에 속한단다.

　맛 가운데 단맛은 즐거움을 줘. 짠맛은 입맛을 돋우어 적당한 소금을 먹게 하지. 하지만 소금을 지나치게 먹는 건 몸에 해롭기 때문에, 너무 짠맛은 몸이 받아들이지 않아.

　신맛도 적당할 때는 맛있게 느껴지지만, 지나치면 불쾌감을 줘. 상한 음식을 먹지 않도록 하기 위해서야.

　쓴맛은 대부분의 사람들이 싫어하는데, 독극물을 먹는 걸 막아주기 위해서야. 몸에 해로운 독극물들은 대부분 맛이 쓰거든.

감칠맛은 입맛을 돋우는 맛이라, 단백질이 많은 음식을 먹도록 도와 주지. 감칠맛을 내어 음식을 맛있게 하려고 조미료를 쓰기도 해.

후각과 미각

감기에 걸려 코가 막혔을 때 음식을 먹어본 적 있니? 어땠어? 음식이 꿀맛이었니, 아니면 맛을 잘 느끼지 못했니?

우리는 혀로 맛을 본다고 생각하지만, 맛을 보는 데는 코도 꼭 필요해.

코를 막고 눈을 가린 상태로 음식을 먹으면 어떻게 될까?

그런 상태로 딸기 맛 우유와 바나나 맛 우유를 마시면, 사람들은 그 두 맛을 잘 구별하지 못한단다. 코를 막아서 딸기 향인지 바나나 향인지 냄새를 못 느끼기 때문이지.

더 신기한 실험도 있어. 코를 막고 눈을 가린 상태로 사과와 양파를 먹게 한 거지. 새콤달콤한 사과와 매운 양파는 틀림없이 구별할 것 같다고? 아니, 놀랍게도 사람들은 그 두 가지 맛도 잘 구별하지 못했단다.

우리는 음식을 먹을 때 입과 코로 퍼지는 냄새를 통해 다양한 맛을 느끼기 때문에, 냄새를 맡는 코를 막아버리면 맛을 잘 구별하지 못하게 되는 거야.

✦✦✦

"어쨌든 이걸 맛봐야겠어. 그래야 발명가님이 남몰래 만든 발명품이 쓰였는지 알 수 있어."

몰래 만든 발명품은 바로 특별한 물약이었어. 음식이나 음식 재료에 한 방울 떨어뜨리기만 하면 영양은 물론 최고의 음식 맛을 내게 하는 신기한 물약이었지.

물에 물약을 넣으면 물은 주스든 콜라든 커피든 원하는 음료가 되고, 밥이나 빵에 넣으면 고기 요리든 생선 요리든 채소 요리든 상상하는 최고의 요리로 변하는 거야. 즉 우리의 미각과 후각을 속이는 약이지.

"안 돼요, 명탐정님. 도둑의 함정일지도 몰라요. 최고의 맛 대신 아주 매운맛이나 쓴맛, 아니 어쩌면 독약이 든 음식일지도 모른다고요."

코코가 겁에 질린 표정으로 말렸어.

매운맛을 보여 줄까?

매운맛을 좋아하니? 떡볶이나 비빔냉면, 낙지볶음 등 매운 음식을 상상만 해도 군침이 저절로 고인다고? 눈물이 쏙 빠질 만큼 매운맛을 즐기는 사람들도 꽤 많지. 왜 그럴까?

사실 매운맛은 미각이 아니라 통각을 통해 느끼는 거야. 매운 걸 먹으면 통각이 자극을 받고, 그럼 우리 몸은 통증을 이겨내기 위해 엔도르핀을 만들어 내지.

엔도르핀이라는 말은 들어본 적 있지? 엔도르핀은 우리 몸이 스스로 만들어 내는 진통제 같은 거야. 엔도르핀이 나오면 스트레스가 가라앉고 기분이 좋아지기 때문에, 사람들은 자꾸 엔도르핀을 만들어 내려고 하지. 그런 이유로도 매운맛을 즐기는 사람이 많은 거란다.

그런데 매운 음식은 건강에 나쁘다고? 오히려 위염 치료를 돕고 나쁜 콜레스테롤을 낮추는 효과도 있단다. 고추에서 빼낸 캡사이신은 여러 매운 음식에 쓰이는데, 캡사이신은 위의 염증을 억누르는 효과가 있거든.

매운 걸 먹었을 때 위가 아픈 건 매운맛 때문이 아니라 짠맛 때문이란다. 하지만 장이 약한 사람은 매운 음식을 잘 소화하지 못해 설사할 수도 있으니 너무 매운 음식은 피하는 게 좋겠지.

또한 캡사이신은 피가 잘 흐르고 혈압이 낮아지도록 도와 주기도 한단다. 그뿐만이 아니야. 매운 음식을 먹으면서 땀을 뻘뻘 흘리게 되지? 그만큼 우리 몸이 열량을 더 많이 쓰게 해서 살을 빼주는 효과도 있어. 매운 음식을 먹으면 배부른 느낌이 금세 들기 때문에 덜 먹게 되고 말이야.

뜨거운 맛을 보여 주마

아무리 맛있는 요리라도 식으면 맛을 잃는 경우가 많지? 음식의 맛을 내는 데에는 온도가 아주 중요해.

음식이 뜨거울 때에는 냄새 분자들이 마구 움직여 온 집 안에 맛있는 냄새가 가득 차게 돼. 하지만 식은 음식은 그렇지 않아.

특히 고기는 식으면 흰 기름이 둥둥 뜨면서 보기에도 입맛이 떨어지는 모양을 하게 되지. 고기뿐 아니라 대부분의 음식은 식으면 촉감도 달라져. 우리가 날마다 먹는 밥도 갓 지었을 때는 따끈따끈하고 부드럽지만, 식으면 차갑고 딱딱하게 굳어버리잖아.

온도에 따라 음식의 맛 자체도 달라져. 온도가 오르면 단맛은 많아지고 쓴맛과 짠맛은 줄어들어. 그러니까 따뜻할 때 간이 알맞은 음식이 식으면 덜 달고 더 짜게 느껴져. 이처럼 온도와 맛은 큰 관계가 있어.

✴ ✴ ✴

"제가 맛을 볼게요. 혹시 저한테 무슨 일이 생기더라도, 명탐정님은 수사를 계속해 주세요."

코코는 명탐정이 손에 든 그릇을 빼앗더니, 말릴 틈도 없이 그릇에 있던 밥을 꿀꺽 먹었어. 그러고는 털썩 쓰러지고 말았지.

"안 돼! 코코, 일어나! 사람처럼 되고 싶다며? 일어나서 발명가님에게 가야지. 엉엉."

명탐정은 코코를 부둥켜안고 울음을 터뜨렸어.

그때 발명가가 달려왔어. 연구실에서 늘 원격으로 모니터링하고 있던 발명가가 코코에게 이상이 생긴 걸 알고 쏜살같이 달려온 것이었지.

"걱정 마세요, 탐정님. 코코는 죽은 게 아니에요."

"네? 죽은 게 아니라고요?"

명탐정이 눈물을 뚝 그치고 물었어.

"코코는 독극물을 감지하고 모든 시스템을 차단한 거예요."

"그럼 음식에 독극물이 있는 건 맞았군요. 그럼 역시 코코가 저 때문에. 엉엉, 저를 대신해서, 엉엉……."

"아유, 그런 게 아니에요. 제 발명품은 음식에 물약을 떨어뜨리면 먹는 사람이 상상하는 바로 그 음식의 맛이 느껴진다는 것, 알고 계시죠?"

"네, 그렇죠."

"코코는 그 음식을 맛보면서, 범인의 함정이라고 생각하고 음식에 독약이 들었을지도 모른다고 상상했어요."

"아, 그럼 멀쩡한 음식이 코코의 상상 때문에 독약이 든 음식이 된 건가요?"

"그렇죠. 코코의 불안한 상상 때문에 그런 음식으로 느낀 거죠. 사실 이 발명품은 우리의 미각과 후각을 속일 뿐 균형 있는 영양분을 주기 위해 만든 것인데, 아직 독극물처럼 해로운 맛을 상상했을 때의 부작용에 대한 실험은 끝나지 않았거든요. 그래서 코코는 독극물로 상상하고 불안에 떤 나머지 스스로 시스템을 차단한 거예요."

발명가는 코코의 시스템을 재시동했어. 코코가 눈을 반짝 떴지.

"코코!"

명탐정은 코코를 껴안고 또 울음을 터뜨렸어.

"아유, 울보 탐정님이군요. 깨어났는데 또 왜 울어요? 범인은 안 찾고 코코만 껴안고 있을 거예요?"

발명가가 말하자, 명탐정은 그제야 정신을 차리고 외쳤어.

"맞아, 범인! 범인은 이 집에 사는 사람이에요!"

"네, 저도 알아요. 지금 제 연구실에 있어요. 같이 가서 만나 보시죠."

연구실로 가는 길, 발명가는 이야기를 들려주었어.

"이 집에는 준이라는 소년이 할머니와 단 둘이 살고 있어요. 준이는 우유 배달을 하고, 할머니는 시장에서 나물을 파는데, 할머니가 며칠째 편찮으셔서 아무것도 드시지를 못했대요. 준이는 우리 연구실에 우유 배달을 하느라 자주 드나들다가, 우리 연구가 뭔지 알게 된 모양이에요."

"아, 그래서 입맛을 잃고 통 기운을 못 차리는 할머니에게 최고의 음식을 맛보게 해 드리려고 물약을 가져갔군요?"

명탐정이 말하자 발명가는 고개를 끄덕였어.

"네, 집에 음식이라고는 맨밥뿐인데, 밥에 물약을 뿌리고는 할머니가 가장 좋아하는 음식이다 생각하고 드셔 보라고 했대요. 그랬더니 할머니가 갑자기 밥을 두 그릇이나 드시고 기운을 차리셨다네요. 준이는 할머니가 돌아가실까 봐 무섭기만 했는데, 큰 걱정이 사라지고 나자 겁이 덜컥 나더래요. 비밀리에 만드는 발명품을 알아내 몰래 가져가기까지 했으니, 자긴 벌을 받아야 한다면서 찾아왔더라고요. 어떤 벌을 주면 좋을까요?"

"음……."

이야기를 나누는 사이, 셋은 연구실에 다다랐어. 연구실 안에서 고개를 푹 숙이고 앉아 있던 소년이 벌떡 일어나 꾸벅 인사를 했지.

"준아, 이분은 명탐정님이셔. 탐정님이 수사를 통해 네 집까지 찾아내셨지만, 네가 스스로 뉘우치고 있으니 용서해 주자고 하시는구나."

"아니에요. 저는 벌을 받아야 해요. 큰 잘못을 저질렀어요."

"맞아, 나도 그렇게 생각해. 아무리 딱한 사정이 있어도, 남의 물건을 허락도 없이 몰래 가져가서는 안 되지."

발명가의 말에 준이는 다시 고개를 푹 숙였어.

"그래서 너는 우리 연구실 조수로 일 년 동안 일해야 해. 월급도 없고, 연구실의 비밀은 절대 말해선 안 되고, 내가 시키는 일은 뭐든지 해야 하는데, 괜찮겠니?"

"정말요? 연구실 조수가 된다고요? 그건 벌이 아니라 제가 꿈꾸던 일인데요?"

준이가 눈을 반짝이며 묻자, 코코가 끼어들었어.
"엥? 그럼 저는 뭘 하라고요?"
"코코 너는 연구실보다는 탐정 사무실 조수가 더 잘 맞는 것 같으니, 그동안 명탐정님 일을 돕도록 해."
준이와 코코는 활짝 웃으며 서로 손바닥을 짝 마주쳤어. 발명가와 명탐정도 빙그레 웃으며 서로 손바닥을 딱 마주쳤지.

에필로그

발명가 사무실에 기자들이 모여들었어.

"발명가님, 어떻게 이렇게 놀라운 발명을 해내신 겁니까? 이번에는 누구든 성공하는 다이어트 약이라니, 정말 대단합니다."

"네, 이건 제 조수인 김준 군이 만든 약입니다. 김준 군의 설명을 직접 들어 보시죠."

발명가가 마이크를 넘기자, 일 년 사이 키가 훌쩍 자란 준이가 떨리는 목소리로 이야기를 시작했어.

"발명가님이 만드신 최고의 맛 물약은 제 할머니의 생명을 구해 준 고마운 발명품입니다. 저는 발명가님의 일을 도우면서, 그 약을 반대로 사용하면 어떨까 생각해 보았습니다. 상상하는 최고의 맛 대신, 상상도 안 될 정도로 역겨운 맛을 느끼게 해 주는 약 말이에요. 비만 때문에 어려

움을 겪는 사람들이 많은데 이 사람들이 다이어트를 자연스럽게 계속할 수 있도록 입맛이 뚝 떨어지게 하는 약이 있다면, 부작용 있는 약이나 위험한 수술보다 안전하고 좋지 않을까 해서 개발한 약입니다."

"와, 아직 어린 나이인데 정말 대단합니다. 특허를 받은 이번 약으로 큰돈을 벌 텐데, 어디에 쓸 계획입니까?"

"이웃에 살던 발명가님의 이해와 도움이 없었다면 저는 지금 이 자리에 없었을 겁니다. 이 발명으로 얻은 돈은 모두 기부하여, 가난한 어린이들을 돕는 재단을 만들 것입니다."

많은 사람들이 준이에게 박수를 보냈어.

명탐정 사무실은 어떻게 됐냐고? 첫 사건을 훌륭하게 마친 뒤, 많은 사건을 맡게 되었단다. 코코가 한몫 하지 않았냐고? 맞아, 코코는 연구실보다 탐정 사무실에서 더 빛나는 조수였지.

그런데 지금은 탐정 일보다 아기를 돌보느라 더 바쁘단다. 첫 사건 뒤 곧바로 사랑에 빠져 결혼한 명탐정과 발명가의 아기가 얼마 전 태어났거든.

로봇이 어떻게 아기를 보냐고? 무슨 그런 섭섭한 말씀을! 오감이 뛰어난 코코는 누구보다도 아기를 잘 돌보고 있어.

매의 눈으로 한시도 아기를 놓치지 않고 살펴보지, 아기가 울면 박쥐 같은 귀로 듣고 바람처럼 달려가지, 아기 기저귀가 젖으면 개코처럼 냄새를 맡고 쏜살같이 갈아주지, 아기가 더워 땀이 나면 고양이 수염처럼 금세 느끼고 겉옷을 벗겨 주지, 아기 이유식은 최고의 물약을 쓰지 않고도 얼마나 맛있게 만드는지 몰라. 아직은 아기가 어려서 상상할 수 있는 맛이 별로 없다며 날마다 새로운 맛을 만들어 내고 있지.

무엇보다 진짜 사람처럼 되는 게 소원이었던 코코는 이제 꿈을 이룬 것 같아. 쉬지도 못하고 힘들어도 아기가 웃을 때마다 피곤이 스르르 풀리는 그 기분, 사랑이 뭔지 알게 되었으니까 말이야.